AF357252

CATALOGUE

DES MEDAILLES

ANTIQUES, MODERNES,

ET AUTRES CURIOSITÉS

DE LA BIBLIOTHÈQUE

DE LA MAISON PROFESSE

DE LA RUE SAINT ANTOINE;

DONT la Vente se fera le lendemain de la Fête de Saint Louis, dans une Salle de ladite Maison, en vertu d'un Arrét de la Cour de Parlement, les Chambres assemblées, du 14 Mai de la présente année.

A PARIS,

Chez P. G. SIMON, Imprimeur du Parlement, rue de la Harpe, à l'Hercule.

M. DCC. LXIII.

Pocula adorandæ rubiginis . . . .

Juven. Satyr. 13. v. 148.

AVERTISSEMENT.

CEux qui regardent les faits comme l'uni-que bafe des connoiffances humaines, n'ont pas befoin qu'on leur faffe l'apologie de la paffion de ceux qui dans tous les tems ont re-cherché les Monumens & les précieux reftes de l'Antiquité. L'utilité de ces recherches eft fi palpable, & l'on a tant écrit fur ce fujet, que ceux à qui il refteroit quelque doute, ne pour-roient pas raifonnablement defirer qu'on fît de nouveaux écrits fur cette matiere.

Je viens à mon objet. J'ai trouvé dans la Bi-bliotheque de la Maifon Profeffe différentes fuites de Médailles, fur-tout en bronze, qui m'ont paru avoir été raffemblées par différens particuliers ; il n'y avoit pas une de ces fuites qui ne pût s'embellir aux dépens de fa voifine, & qui en verfant dans les autres une certaine quantité de piéces dont elle pouvoit être privée, ne pût par cette efpece de reftitution être em-bellie elle-même, fans les réduire au néant, c'eft le plan que j'ai fuivi, & pour procurer une vente plus favorable, j'ai encore pouffé la li-berté jufqu'à féparer les Médaillons & les Mé-dailles Grecques, dont j'ai fait de petites fuites. En multipliant ainfi les lots, j'ai cherché à pro-curer à plus de perfonnes le plaifir & la facilité d'acquerir.

J'ai rejetté dans des facs ce qui m'a paru mal

confervé ou de nulle valeur (il y a beaucoup de Médailles de cette efpece), pour que le bon, qui n'eft jamais fi abondant, ne fût pas étouffé dans la multitude.

J'ai été plus réfervé fur les Médailles Grecques, elles ne font pas fi communes que les Latines; & il feroit à defirer, pour le bien des Lettres, qu'elles fuffent plus recherchées.

Je ne dis rien des petites fuites d'argent, elles ne font pas affez nombreufes; j'ai pareillement mis au rebut ce qui n'avoit pas de valeur.

Les Médailles modernes n'ont befoin que des yeux pour en décider.

Je dois dire néanmoins que le principal objet de ce Cabinet eft la premiere fuite de grand bronze, quoiqu'il y manque beaucoup de têtes capitales; elles font toutes très-belles & très-confervées.

Depuis l'impreffion de ce Catalogue, ayant confulté *Patin* & *Vaillant* fur une Médaille de *Claude* que je n'avois jamais vue, & qui m'avoit échauffé l'imagination, j'ai trouvé qu'ils ont donné cette Médaille pour très-fufpecte. Cet aveu, j'ai cru le devoir faire; & fi on le defire, la Médaille fera ôtée de la fuite, & vendue féparément.

La Médaille de Charles X, du n° 122, & les deux Carrés d'une Médaille du même Prince, du n° 128, ont été dépofés au Greffe par Arrêt du Parlement du 22 Juillet du courant.

CATALOGUE

DES Médailles antiques, modernes & autres curiofités de la Bibliotheque de la Maifon Profeffe de la Rue S. Antoine. Ouvendredy 26 Aoust 1.re Vacation.

ROIS GRECS EN ARGENT.

N°. 1. VINGT-CINQ Médailles de Rois, au nombre defquels fe trouvent les Tetradragmes d'*Agatocles*, de la Reine *Philiftis*, un *Pyrrhus*, un beau *Mithridates*, un *Antiochus*, & onze Médailles efpagnoles ou barbares, auffi d'argent; en tout ~~trente~~ Vingt fix Médailles. 140.tt. 19.

VILLES GRECQUES EN ARGENT.

2. Soixante-cinq Médailles de Villes, la plûpart de la Grand'Grece, parmi lefquelles il y a beaucoup de Tetradragmes & une Médaille de *Syracufe* du plus grand module. 400.

3. Soixante-neuf Médailles, *Idem*, de moyen & petit module, dont quelques-unes bien confervées. 81.

ROIS & VILLES GREQUES EN BRONZE.

4. Quatre cent quatre-vingt Médailles de différens modules de Rois d'*Egypte*, de *Syrie*, de la *Grand'-Grece*, de Villes du Royaume de *Naples*, de la *Sicile*, de l'*Archipel*, & quelques piéces *Eftrufq*, *Puniq* ou *Carthaginoifes*. 160.

MEDAILLES D'ARGENT COSS.

5. Médailles d'argent coff. au nombre de deux cent

quarante, bien conſervées, parmi leſquelles il y a beaucoup de têtes naturelles de Rois & Conſuls de Rome. On y trouve, de plus, celles de *Jules*, de *M. Antoine* & de ſon frere *L. Antoine*.

6. Une ſeconde ſuite de Médailles d'argent coſſ. au nombre de deux cent douze, bien conſervées, parmi leſquelles il y a auſſi des têtes naturelles.

7. Médailles coſſ. la plûpart doubles ou moins conſervées, au nombre de cent cinquante.

8. Autre lot de Médailles coſſ. de même que les précédentes, au nombre de cent trente-cinq.

9. Plus, trente-trois Médailles coſſ. fourrées.

MEDAILLES IMPERIALES EN ARGENT.

10. Quatre-vingt-ſix Médailles des douze Céſars, parmi leſquelles ſont un beau *Jules*, un beau *L. Antoine*, un *Germanicus*, un *Caligula*, deux beaux *Claude*.

11. Cent cinquante-une Méd. depuis & y compris *Nerva*, juſqu'à *Sept. Severe* excluſivement. Les têtes les plus rares, ſont un *Ælius* & quatre *Albins*. Quatorze *Commodes* & quelques jolis revers.

12. Trois cent trente-neuf Médailles, depuis, y compris *Severe* juſqu'à *Poſthume* incluſivement. Les meilleures têtes ſont : cinq *Plautilles*, cinq *Macrins*, deux *Diadumeniens*, trois *Balbins*, deux *Puppiens*, deux *Hoſtiliens* & ſept *Æmiliens* ; le tout bien conſervé.

13. Cent quinze Médailles doubles ou moins conſervées, depuis *Auguſte*, juſques & non compris *Septime*, & cent quarante de même, depuis *Severe*, juſqu'à *Poſthume* ; en tout deux cent cinquante-cinq Médailles.

14. Un petit lot de ſept Quinaires, de trois Médailles grecques de *Trajan* & *Hadrien*, dix Médailles reſtituées (à ce qu'on croit) par *Gallien*, & de deux Quinaires de bas or ; en tout vingt-deux Médailles.

15. Trente-huit Pieces, parmi leſquelles eſt un Mé-

daillon de *Severe Alexandre*, Frufte, quelques petites 21.^{tt}
Piéces & fept Médailles fauffes.

MEDAILLONS DE BRONZE GRECS & LATINS.

16. Six Médaillons, dont quatre d'*Hadrien* : il y 41...19.
en a deux de *Bythinie* (peu confervés).

17. Sept dits, dont *Hadrien* & *Sabine* ayant au re- 120.
vers le temple de *Bythinie*, un autre *Hadrien* & un
Antonin, avec le temple d'*Ephefe* ; deux *Fauftines*
jeunes, l'une a pour revers le Dieu *Lunus* à cheval,
& la legende ΓΙΛΛΓΕΩΝ, & l'autre la galere
de *Cyzique* ; la premiere de ces *Fauftines* eft parfaite-
ment belle.

18. Sept Médaillons ou Médailles, du volume des 80...19.
Médaillons, marqués du *S. C.* qui font *Caracalle*, *Sev.*
Alexand. *Philippe* pere, *Otacille*, *Philippe* fils, &
deux *Trajans Deces* (très-beaux).

19. Cinq Médaillons, l'un de *Septime Sev.* frappé 120...1.
à *Smyrne*, les quatre autres de *Caracalle*, dont l'un
de *Perinthe*, a été fait à l'occafion des Jeux *Actia-*
ques & *Pythiens*.

20. Cinq Médaillons, deux de *Neron*, un de *Vef-* 132...1.
pafien, un de *Trajan* (Contorniates) un autre de
Rome fous *Conftantin*.

21. Vingt-fix Médailles ou Médaillons grecs d'*An-* 66.
tonin le pieux, *Commode*, *Caracalle*, *Sev. Alexandre*,
Mammæe, *Gordien*, *Tranquilline* (de *Samos*) *Phi-* 2726...16.
lippe pere, *Philippe* fils, *Maximin*, *Trajan Dece*,
Valerien pere, *Gallien*, &c.

Du famdy 27. Aouft
2.e Vacation.

GRAND BRONZE GREC.

22. Une fuite de foixante-quatre Médailles grecques, prefque toutes de grand module, dont les
principales font un *Vefpafien* de *Bythinie*, un *Tite*
frappé en Egypte, au revers de fon pere, un *Anto-*
nin de *Philippopolis*, un *Commode* d'*Aureliopolis*, un *Ca-*

Caracalle d'*Ulpia Sardike*, un autre de *Smyrne*, un très-
beau *Diadumenien*, deux *Gordiens* d'*Ephese* & de *Se-
leucie*, trois très-belles *Tranquillines*, dont une d'*Edesse*,
un *Philippe* p. Gr. Br. Egyptien, & six autres différens, un *Philippe* f. de même, & plusieurs autres revers, deux *Trajan Dece* de *Samos*.

23. Dix huit Médailles de G. B. Egyptien, de *Trajan*, *Hadrien*, *Ælius* & un *Antinoüs* (de Cogornier).

24. Dix-huit Médailles *Idem*, d'*Antonin* Pie, de
très-belle conservation.

25. Douze Médailles *Idem*, l'une de *Faustine*, &
le restant d'*Antonin*, dont quatre signes du Zodia-
que.

26. Treize autres Médailles *Idem*, dont un *Antinoüs*, Fruste & le restant de différens Princes (peu
conservés).

27. Quatre-vingt Médailles de grand bronze grecques ou égyptiennes, dont quelques-unes pourroient
être nettoyées.

MEDAILLES IMPERIALES
DE GRAND BRONZE ROMAIN.
Premiere Tablette de 40 *Médailles*.

28. Cette suite commence par deux poids romains,
têtes de *Janus*, dont l'une fait connoître le grand
Pompée, un *Jules* de fabrique espagnole, un *Auguste*
latin, avec le temple dédié à *Rome* & à *Auguste* (su-
perbe), deux Médailles de la Colonie, *Aug. Emerita*
de huit Monetaires ou Médailles sans têtes, de *Livie*
(Méd. espag.), la tête de *Tibere* est fruste, & est ac-
compagnée de six Piéces sans têtes, très-belles, dont
Civitatib. Asiæ Rest. Clementiæ, (un Bouclier, m. b.)
S. P. Q. R. Juliæ Aug. &c.

II. T. 40 *Médailles*.

29. Les principales sont : deux de *Drusus* l'ancien,

une de *Germanicus* de Colonie , *Liciniano & Germano*
11 vir. trois d'*Agrippine* , dont une contremarquée ,
cinq de *Caligula* , (la plus rare eſt l'adlocution belle)
quatre de *Claude* , l'une avec l'arc de triomphe , une
autre (de la plus grande rareté) , a au revers une longue inſcription , à l'occaſion des eaux que l'Empereur
Claude fit conduire à Rome , dix-ſept de *Neron* , dont
deux adlocutions , deux congiaires , trois décurſions ,
(toutes ces Médailles ont des différences) &c. ſept
de *Galba* (très-belles) , dont l'une a pour legende ,
honos & virtus , à deux figures.

I I I. T. 40 *Médailles.*

30. Les trois premieres ſont la ſuite des *Galba* ,
dont deux ſont des Types , un peu différens de la victoire ; la ſuivante eſt un *Othon* d'Antioche , qui ne ſe
lit point , enſuite deux *Vitellius* , dix-ſept *Veſpaſiens* ,
dont les fils de Veſp. au revers de leur pere (figures
en pied) , deux Types de la conquête de la *Judée* ,
l'inſcription *Ob. Cives ſervatos* , dans une couronne de
laurier ; cinq différens Types de la victoire , le char
tiré par des éléphans , celui avec la legende , *memoriæ
Domitillæ* , quatorze *Tites* , dont le *Provident Aug.*
(deux figures) , une *Julie* (m. b.) & le char avec la
legende , *Divæ Juliæ.*

I V. T. 40 *Médailles.*

31. Dix-neuf Médailles de *Domitien* , huit de *Ner-*
va & treize de *Trajan* compoſent cette Tablette ; parmi les *Domit.* ſont l'*Annona Aug.* &c. (deux figures)
deux différentes Médailles des *Jeux ſéculaires* , le tro-
phée avec la legende , *Germaniâ captâ* , & pluſieurs
autres Types rares , fort beaux : les rares de *Nerva* ,
ſont : *Fiſci Judaïci calomniâ ſublatâ, Plebei Urbanæ fru-*
mento conſtituto ; les *Trajans* , deux différens Types
d'*Alimenta Italiæ , Aqua Trajana , Armen. & Meſopo-*
tamia in poteſt. pr. &c. (fort belle) , deux Congiaires ,
Daciâ Aug. Provinciâ, &c.

V. T. 40 *Médailles.*

32. Cette Tablette contient trente *Trajans* & dix *Hadriens* ; les *Trajans* diftingués, fo t : *Regna adfigna-ta*, *Rex Parthis datus*, cinq différentes Médailles, avec des édifices, dont l'une eft un grand cirque, *S. P. Q. R. optimo Principi* (in laurea), la Statue de l'Empereur fur un pied d'eftal, couronnée par la victoire, les rares d'*Hadrien*, font : *Ægyptos*, *Affrica*, *Alexandria*, *Dacia*, *Hifpania*, deux *Mauretania*, difciplina *Aug.* & *expedit. Aug.*

V I. T. 40 *Médailles.*

33. Toutes les Médailles de cette Tablette font d'Hadrien. Les principaux revers, font : une deuxieme *Exped. Aug.* différente de la précédente, *Exercitus Dacicus*, deux Types d'ad entus *Aug.* adventui *Aug. Affricæ*....... *Armeniæ*....... *Italiæ*....... *Galliæ* ...... *Mauretaniæ*...... *Siciliæ*...... *Exercitus Syriacus*, *reftitutori Achaiæ*...... *Bythiniæ*...... *Galliæ*...... *Hifpaniæ* (bis) *Italiæ*...... *Phrygiæ*.... *orbis terrarum*, *liberalitas Aug.* (un Théâtre) *libertas reftitut.* deux Types, *reliqua vetera HS. novies mill. abolita*, deux Types différens, &c.

V I I. T. 40 *Médailles.*

34. Trente-quatre Médailles de la fuite d'*Hadrien*, 5 de *Sabine* fa femme, une d'*Ælius*, fon fils adoptif, (belles).

V I I I. T. 40 *Médailles.*

35. Trois *Ælius* & trente-fept *Antonins* le pieux. Parmi les *Ælius*, outre le Type & la leg. *Pannonia* fe trouve celui d'une femme couchée avec la legende *Hifpania* (fort rare) ; enfuite trois Types différens dans *Antonin*, avec la legende *Britannia*, & quelques liberalités, &c.

I X. T. 40 *Médailles.*

36. Cette Tablette eſt toute d'Antonins, parmi leſquels ſe diſtinguent eminemment le *Rex Armenis datus*, & le *Rex Quadis datus*, tous deux à deux figures, *ſecundi Decennal Coſ. I I I*, dans une couronne de laurier, *T R. P O T. X I X*, auſſi dans une couronne, la victoire (*in bigis*), & un temple à dix colonnes, avec la legende *Veneri felici.*

X. T. 40 *Médailles.*

37. Quatre *Antonins*, vingt-deux *Fauſtines* & quatorze *M. Aureles*. Les principales *Fauſtines* ſont deux différentes Médailles, avec le char traîné par des éléphans, deux buchers différens de l'ordinaire, avec le mot *Conſecratio*, un temple à ſix colonnes, ſans legende. Une adlocution & quelques libéralités dans *M. Aurele*, méritent quelqu'attention.

X I. T. 40 *Médailles.*

38. Quarante *M. Aureles*, leur conſervation & deux Médailles différentes, avec la legende *Profectio*, font le mérite de cet article.

X I I. T. 40 *Médailles.*

39. Onze Médailles de *M. Aurele*, & vingt-neuf de *Fauſtine*, ſa femme. Le *M. Aurele* offre la legende, *Vict. germ. imp. V I*, *Coſ. I I I*, (in laurea) & dans *Fauſtine*, deux différens Types de la Méd. *Matri caſtrorum*, une de *Matri magnæ*, &c.

X I I I. T. 40. *Médailles.*

40. Six *Fauſtines*, quatorze *Verus*, dix *Lucilles* & dix *Commodes :* il y a deux conſécrations rares dans *Fauſtine*, le paon & le char attelé de deux mules, dans *Verus paci Aug.* dans une couronne de laurier eſt une Médaille des plus rares, le *Rex Armen. dat.* ſur un théâtre, eſt rare auſſi ; *les Lucilles & les Commodes* ſont bien conſervés.

XIV. T. 40 *Médailles.*

41. Quarante *Commodes* beaux, dont la defcription
complete feroit bien longue. Il y a différens Types
de l'*Herculi Romano*, une libéralité à plufieurs figures,
Pietati Senatûs, Provident. aux. (ces deux Médailles à
deux figures, *S. P. Q. R. Lætitiæ, C. V.* (in laurea)
Italia, figure affife fur un globe, &c.

XV. T. 40. *Med.*

42. Dix-fept *Commodes.* 6 *Crifpines* bien confervées.
Enfuite 2 *Pertinax. Provident. Deorum & confecratio.*
Manlia fcantilla. Didia clara (belles) avec 6 *Albins* &
5 *Sept. Severes*, dont l'un *Adv. Aug. fel.* &c.

XVI. T. 40 *Med.*

43. Vingt Med. de *Severe*, dont les meilleurs revers
font *Part. Arab. Part. Adiaben. Primi decen. cof. III.* (in
laureâ) *confecratio*, le Bucher. 8 *Julies Pia* ou *Domna*,
dont la plus finguliere a un revers de fon mari, *Vict.
Aug.* tr. *p. II. cof. II. pp.* le type de la victoire. 11
Caracalles. Le plus rare a le type d'une libéralité fur un
théâtre.

XVII. T. 40 *Med.*

44. Encore 9 *Caracalles* & 4 *Geta* (beaux) 3 *Macrins,* 2 *Diadumeniens*, dont l'un de la Col. de *Berithe*
(très-beaux). 15 *Elagabales* bien confervés. 3 *Mœfa.*
1 *Paula.* 1 *Aquilia Severa* (toutes belles). La fameufe
Annia fauftina, reconnue pour être de *Cogornier.*

XVIII. T. 40 *Med.*

45. Trente-neuf Med. de *Sev. Alexandre*, l'un *Liberalitas IIII.* à plufieurs fig. l'autre *Profectio Augufti*,
l'Empereur à cheval, précédé de la Victoire, font
très-rares; & 1 *Mammæe.*

XIX. T. 40 *Med.*

46. Neuf *Mammæes*, 3 *Orbiana*, 18 *Maximins*, dont les rares font , *Liberalitas* fur un théâtre , *Victoria Germanica* , à 2 fig. *Votis decennalib.* dans une couronne. 1 *Pauline* , 3 *Maximes* , 3 *Gordiens d'Affriq.* Per. *Provident. victoria Romæ æternæ.* Enfin 4 *Balbins* , dont *liberalitas* fur un théâtre eft le plus diftingué.

X X. T. 40 *Med.*

47. Deux *Balbins. Providentia Deorum* , *Victoria Aug.* 4. *Papiens* , *Pax publica* , *Concordia* , *Liberalit.* (1 fig.) *Victoria Aug.* & 34 *Gordiens* , dont les principaux font *Adlocutio Aug.* à 5 figures , *Æternitas Augufti* , l'Emp. à cheval , la tête de *Gordien Cæfar* , au R⅃. *Pietas.*

XX I. T. 40 *Med.*

48. Cinq *Gordiens* , dont le dernier , *Votis decennalib.* dans la couronne. 25 *Philippes* , dont le dernier fait auffi *votis decenn.* Enfuite dix Médailles d'*Otacille* & de *Philippe* fils.

XXII. T. 54 *Med.*

49. Deux *Philippe* fils , 7 *Trajans Dece.* 1 *Etrufcile.* 5 *Herennius.* 2 *Hoftiliens.* 13 *Treboniens.* 12 *Volufiens.* 3 *Æmiliens* , dont l'un , *votis decennalibus.* 9 *Valeriens.*

XXIII. T. 54. *Med.*

50. Deux *Mariniana.* 12 *Galliens* , parmi lefquels *Moneta* , 3 fig. *Liberalitas Aug.* 1 fig. *votis decenn.* 2 belles *Salonines.* 34. *Pofthumes* , dont 2 avec le cafque ; les revers rares font *Adventus Aug. Exercitus Vaccicus* , *Herculi Deufonienfi* 2 Types.

XIV. & XXV. T. 75 *Med.*

51. Soixante-quinze grandes Médailles du bas Empire , de ces fabriques barbares , dont la plûpart font encore des énigmes pour les curiéux.

2700.

SECONDE SUITE DE GRAND BRONZE ROMAIN.

I. Tab. 54 *Méd.*

52. Cinquante-quatre Médailles, qui font des têtes de *Janus*, dont l'une repréfente *Pompée*. 1 *Jules Efpag.* 1 *Augufte Romain.* 7 autres Méd. dud. fans têtes, dont 4 Monetaires. *Livie* de col. Une tête de *Tibere*, du *Padouan*, & autres Médailles fans têtes, 2 beaux *Drufus* & 2 belles *Agripines.* 3 de *Caligula*, 5 de *Claude*, 14 de *Neron*, dont 3 *Decurfions*, 6 *Galba.*

II. T. 54 *Méd.*

53. Les trois premieres font de *Vitellius*, les 10 fuivantes de *Vefpafien.* Enfuite 9 *Tites*, 14 *Domitiens*, 5 *Nerva*, dont l'un, *Plebei urbanæ fru. conftit.* Plus, 13 *Trajans.*

III. T. 54 *Méd.*

54. Treize *Trajans*, 1 *Plotine*, 1 *Matidie*, peu confervées, & 39 Méd. d'*Hadrien.*

IV. T. 54 *Méd.*

55. Qui font 50 Méd. d'*Hadrien*, & 4 de *Sabine.*

V. T. 54 *Méd.*

56. Cinq Médailles d'*Hadrien*, 8 d'*Aelius*, 41 d'*Antonin.*

VI. T. 54 *Méd.*

57. Vingt-cinq d'*Antonin*, 28 de *Faufline*, 1 de *M. Aurele.*

VII. T. 60 *Méd.*

58. Toute cette tablette appartient au regne de *M. Aurele.* Il y en a de bien confervés.

VIII. T. 60 *Méd.*

59. Trente-quatre *Fauflines*, 16 *Verus* & 10 *Luciles.*

IX. T. 60 *Méd.*

60. Trois Méd. de *Lucille*, & 57 de *Commode.*

X. T. 60 *Méd.*

61. Trois *Crispines*, 2 *Did. Julianus*, 1 *Didia Clara*, 5. *Albins*, 28 *S. Severes*, 7 *Julia Pia*, 13 *Caracalles*.

XI. T. 60 *Méd.*

62. Onze de *Caracalla*, 3 de *Geta*, 2 de *Macrin*, 1 *Diadumenien*, 5 d'*Elagabale*, 4 *Mœsa*, 1 *Soæmias*, 33 *S. Alexandre*.

XII. T. 60 *Méd.*

63. Dix *Mammæes*, 1 *Orbiana*, belle, 10 *Maximins*, 2 *Maximes*, 2 *Gordiens d'Affriq*. pere (bons), 5 *Balbins*, 3 *Puppiens*, & 27 *Gordiens*.

XIII. T. 60 *Méd.*

64. Quatre *Gordiens*, 21 *Philippe* P. l'un *Votis Decen.* 5 *Otacilles*, 6 *Philippe* F. 9 *Trajans Dec.* 2 *Etruscilles*, 3 *Herennius*, 3 *Hostiliens*, 7 *Treboniens Gal*.

XIV. T. 40 *Méd.*

65. Deux *Treboniens*, 7 *Volutiens*, 7 *Valeriens*, 4 *Galliens*, 1 *Salomine*, & 23 *Posthumes.*   322.

MOYEN BRONZE GREC.

Premiere Suite.

66. Cent quarante Médailles de moyen bronze grec, parmi lesquelles la tête la plus rare est une *Tranquilline* en regard de *Gordien Pie*, avec le nom des *Mesambriens* au revers. Mais cet assemblage est le choix de ce qui s'est pu trouver de plus conservé dans les différentes suitesdu Cabinet, & mérite l'attention des Gens de Lettres.   150...1.

MOYEN BRONZE GREC.

IIe Suite.

54".. 67. Deux cens seize Médailles du genre des précédentes, mais moins bien conditionnées , ou plus communes : elles peuvent néanmoins être de quelque utilité pour les Curieux.

MEDAILLES ET POTINS D'EGYPTE.

135..12. 68 Une suite de 124 Méd. Egyptiennes de moyen & petit module, parmi lesquelles il se trouve 2 Médaillons d'argent de *Trajan* , une *Tranquilline* de petit module , & un *Pupien* , dont on ne garantit pas la bonté.

MOYEN BRONZE LATIN.

Premiere Suite.

I. T. 84. *Méd.*

69. Cette tablette commence par quelques petites Méd. de fantaisie. 1 *Jules* Espagnol ; 63 *Augustes* , dont plusieurs restitués ; plusieurs Monetaires & Colonies, comme *Saragosse* , Patras Bilbilis , *Clunia Emerita* , *Ergavica* , *Italica* , *Patricia* , *Jul. traducta* , *Osca* , *Segobriga* , *Turiaso* , &c. 1. *Agrippa* restitué ; 2 *Tiberes* avec le bouclier , *clementiæ* , *moderationi* , &c.

II. T. 60 *Med.*

70. Vingt *Tiberes* , dont 12 de Colonie ; 4 *Drusus* , 1 *Antonia* , 6 *Germanicus* , 4 *Caligula* , dont un très-beau de *Saragosse* ; 9 *Claudes* , 13 *Nerons* & 3 *Galba.*

III. T. 60 *Med.*

71. Dix *Galba* ; 1 *Othon* d'Anthioche, qui ne se lit pas ; 1 *Neron* , frappé à Tripoli de Syrie, avec la contremarque d'*Othon* (Médaille très-vraie) ; 4 *Vitellius,*

23 *Vespasiens*, 12 *Tites*, 1 *Julie*, 8 *Domitiens*, dont quelques-uns avec des revers des *Jeux Séculaires*.

IV. T. 60 *Méd.*

72. Vingt-huit *Domitiens*, dont 1 avec le Temple de *Vesta* ; 1 Incuse & 2 de Colonie, 6 *Nerva* & 26 *Trajans*.

V. T. 60 *Méd.*

73. Vingt *Trajans* & 40 *Hadriens* font la tablette ; les *Hadriens* rares font Ægyptos, Affrica, Alexandria, Britannia, Cappadocia, Dacia, Hispania, Mauretania, Tellus stabilis, adventus Aug. Galliæ. . . . Italiæ. . . . . Mauretaniæ, Restitutori Affricæ . . . . Bythiniæ . . . . . Galliæ, Hispaniæ, &c.

VI. T. 60 *Méd.*

74. Dix *Hadriens*, 5 *Sabines*, 3 *Ælius*, dont *Pannonia*, & 42 *Antonins*.

VII. T. 60 *Méd.*

77. Vingt de *Faustine* la mere, & 40 de *M. Aurele*.

VIII. T. 60 *Méd.*

76. Quinze de *M. Aurele*, 22 de *Faustine* jeune, 13 de *L. Verus*, 11 de *Lucile*, & 15 de *Commode*.

IX. T. 77 *Méd.*

77. Treize *Commodes*, 8 *Crispines*, 2 *Pertinax*, 1 *Didius Julianus* (authentique), 2 *Albins*, 8 *Sept. Severe*, 12 *Julies*, 18 *Caracalles*, 1 *Plautille*, 7 *Geta*, 4 *Macrins*.

X. T. 77 *Méd.*

78. Un *Diadumenien*, beau ; 11 *Elagabales*, dont le premier fait *Adventus* ; 2 *Mœsa*, 1 *Soæmias*, 1 *Paula*, 1 *Aquilia Severa*, 1 *Orbiana*, 7 *Mammæes*, 8 *Maximins*, 3 *Maximes*, 2 *Puppiens*, 14 *Gordiens*, 3 *Philippe*

$300\overset{tt}{.} \ldots$ | pere. J'ai oublié 21 *S. Alexandre* , dont *Profectio* &
Restitutor Mon.

XI. T. 57 *Méd.*

79. Huit *Philippe* pere , 3 *Otacilles* , 3 *Philippe* fils ,
5 *Trajan Decen.* 2 *Etruscilles* , 2 *Herennius* , 3 *Treboniens Galle.* 1 *Volusien* , 3 *Valeriens* , 1 *Mariniana* , 7
Galliens , 1 *Salonine* , 2 *Salonins* ; & 16 *Posthumes.*

SECONDE SUITE DE MOYEN BRONZE LATIN.

I. T. 40 *Méd.*

80. Les plus distinguées de cette Tablette font quelques Médailles d'*Auguste* restituées.

II. T. 40 *Méd.*

81. Quelques Colonies d'*Auguste* & de *Tibere* , &
des restitutions d'*Agrippa* & *Drusus.*

III. T. 40 *Méd.*

82. De *Neron* , *Galba* , *Vespasien* & *Tite.*

IV. T. 40 *Méd.*

83. De *Tite* , de *Julie* sa fille , de *Domitien* , *Nerva*
& *Trajan.*

V. T. 40 *Méd.*

84. De *Trajan* & d'*Hadrien.*

VI. T. 40 *Méd.*

85. Toute la Tablette appartient à *Hadrien.*

VII. T. 40 *Méd.*

86. Un *Hadrien* , 3 *Sabines* , 3 *Ælius* , 33 *Antonins*

VIII. T. 40 *Méd.*

87. Treize *Antonins* , 17 *Faustines* , & 10 M. *Aureles.*

IX. T. 40 *Méd.*

88. Toutes font de *M. Aurele* & de *Fauftine* fa femme.

X. T. 40 *Méd.*

89. Six de *Fauftine*, 13 de *Verus*, 8 de *Lucille*, & 13 de *Commode*.

XI. T. 40 *Méd.*

90. Douze de *Commode*, 10 de *Crifpine*, 1 de *Pertinax*, 1 de *Didius*, 4 d'*Albin*, & 7 de *Sept. Severe*.

XII. T. 40 *Méd.*

91. Douze de *Caracalle*, 6 de *Geta*, 4 de *Macrin*, 2 de *Diadumenien*, 7 d'*Elagabale*, 1 de *Soæmias*, & 8 de *S. Severe*.

XIII. T. 40 *Méd.*

92. Quatre de *Sev. Alexandre*, 1 d'*Orbiana*, 6 de *Mammæes*, 3 de *Maximin*, 1 de *Maxime*, 2 de *Puppien*, 15 de *Gordien*, 5 de *Philippe* pere, & 3 d'*Otacille*.

XIV. T. 40 *Méd.*

93. Deux de *Philippe* fils, 3 de *Trajan Dece*. 3 d'*Herennius*, 2 de *Trebonien*, 1 de *Volufien*, 1 d'*Æmilien* (refaite), 2 de *Valerien*, 1 de *Mariniana*, 3 de *Gallien*, 1 de *Salonine*, 1 de *Salonin* (refaite), & 20 de *Pofthume*.

MOYEN BRONZE LATIN DU BAS EMPIRE.

94. Quatre cens foixante-deux Médailles, dont les principales font 1 *Aurelien* au R). de *Severine*, 1 *Domit. Domitianus*, 1 *Florien*, 2 *Romulus*, 2 *Conftantins*, ayant au revers *Conftantino P. Aug. B R P. nat.* & un *Vetranio* fort beau, R). *Hoc figno victor eris*.

IMPERIALES EN PETIT BRONZE.

Premiere suite.

400..6. 95. Sept cens quatre-vingt-six Médailles Impériales du haut & bas Empire, parmi lesquelles il y en a de grecques très-conservées, & des têtes de Tyrans, entr'autres 5 *Juliens* & 1 *Procope*. Il ne faut pas oublier le *Lælianus* avec ses prénoms

SECONDE SUITE DE PETIT BRONZE.

140..1. 96. Deux mille quatre-vingt-dix Médailles de petit bronze font une suite qui commence à *Valerien* pere, & se termine à la fin du bas Empire ; elle pourroit s'incorporer presque entiere avec la précédente, & en multiplier les revers.

PETIT BRONZE EGYPTIEN,

& autres Grecques.

32..1. 97. Deux cens vingt-cinq Médailles, la plûpart Egyptiennes, parmi lesquelles il y a dix-huit Potins, le tout peu conservé.

MEDAILLES PARTICULIERES.

40..19. 98. Deux cens cinquante-quatre Méd. Grecques, Carthaginoises, Arabes & Gauloises, en 4 tablettes.

6 8... 99. Deux cens quarante-six Médailles sans ordre, dont le plus grand nombre consiste dans ces Médailles barbares des bas tems de l'Empire, pareillement en 4 tablettes ; la derniere est remplie de Médailles fausses.

MEDAILLES EN SAC.

36... 100. Cinq cens neuf Médailles de grand bronze, en deux sacs, pesent 22 liv. 10 onces.

15... 101. Cinq cens vingt-cinq Médailles de moyen bronze, en deux sacs, pesent 10 liv. 4 onces.

41... 102. Mille cinquante-trois Méd. de toute espece & de différens modules de bronze, en deux sacs, pesent 13 liv. & demie.

MONUMENS ANTIQUES.

103. Un Buste de Vesta, d'environ 5 pouces de 34.
hauteur, sur son pied de bois noirci.

104. Six Poids Romains, dont l'un qui pese plusieurs 650.
marcs a une inscription.

105. Un Patere de bronze, & plusieurs fragmens, 40.
dont un manche & quelques fibules, 10 piéces

106. Deux Jattes ou vases de terre, dont l'un est
rempli d'ossemens brûlés, & deux Lampes. . . . . 17 . . . 17.

107. Quatre Lachrymatoires & 2 Bouteilles de
verre antiques. Plus, 5 Figures de terre, dont une 48.
Egyptienne.

108. Une Figure de bronze barbare, qui m'est in- 31.
connue, d'environ 7 pouces de haut.

109. Un Talisman carré, avec une espece de main, 52.
chargé de figures & caracteres.

MEDAILLES MODERNES.

Papes en argent.

110. Cinquante-six Médailles de Papes, qui pesent 260 . . . 2.
5 marcs 3 onces 6 gros.

MEDAILLES DE PAPES.

En bronze.

111. Quarante Médailles de Papes, en bronze doré, 41 . . . . 1.
très-belles.

112. Cent cinquante-sept Médailles de Papes, en 68 . . . 2.
bronze.

HOMMES ILLUSTRES,

En bronze.

113. Trente Médailles, parmi lesquelles se trouvent 24.
plusieurs Cardinaux.

114. Quarante-trois Médailles ou Médaillons de Rois, 50.
Princes & Hommes Illustres, dont 14 ont été dorés.

115. Vingt-cinq dits Médailles ou Médaillons de 39 . . . 19.
bronze.

19.ᵗ .19. . 116. Six très-grands Médaillons, dont deux du Chancelier *le Tellier*; il y en a un dans un cercle d'argent.

MEDAILLES ET MONNOIES
d'argent & billon.

84 . .19 . .117. Cinquante-neuf Piéces d'argent, la plûpart au titre de France, presque toutes de petit module, pesant 1 marc 1 once 6 gros.

96 . . . 118. Cent trente-six Piéces de billon, de différens pays, pesant 1 marc 3 gros.

135 . . . . 119. Quarante-cinq Piéces de Monnoie des Indes: il y en a 30 en bas or, 2 en cuivre, le reste en argent.

MEDAILLES D'ARGENT
des Pays Etrangers.

450 . . . . 120. Trente Médailles d'Angleterre, Suede, Allemagne, &c. pesent 2 marcs 3 onces 6 gros.

SUITE DE MEDAILLONS EN ARGENT
de l'Histoire de Louis XIV.

3375 . . . . . 121. Cent quarante-un Médaillons de la grande suite de Louis XIV. parmi lesquels il y en a quelques-uns du Roi, pesent 65 marcs 4 onces.

Nota. Cette suite est de la plus grande conservation ; elle sera vendue en totalité, s'il se présente des acquereurs, sinon par tablettes de 10 marcs chaque.

MEDAILLES PARTICULIERES DE FRANCE
en argent.

101 . . . . . 122. ~~Neuf~~ huit Médailles, dont le Cardinal d'Amboise, Diane de Poitiers, ~~Charles X~~, Henri III, Bignon, Colbert, &c. pesent 1 marcs ~~7 gros~~ onces.

65 . .19 . . 123. Quarante-un Jettons d'argent; pese 1 marc 2 onces.

SUITE DE MEDAILLES EN BRONZE
de Louis XIV.

124. Quatre cens ~~seize~~ douze Médailles, qui font la suite

de Louis XIV, & partie de celle du Roi (très-belles). 256.

JETTONS EN BRONZE.

125. Treize cens Jettons, tant en cuivre jaune qu'en cuivre rouge, en 2 facs, pefent 16 liv. 13 onces. . . . 23 . . . 2.

126. Cent cinquante-fept Jettons, de même, mais avec des têtes naturelles, pefent 2 liv. 5 onces. . . . 20 . . 19.

MEDAILLES DE PLOMB ET ETAIN.

127. Cinquante-cinq Médailles des Pays étrangers, 30 . . . 1. de plomb & étain.

128. Les deux Carrés de la Médaille du Cardinal de Bourbon (Charles X. Roi de la Ligue) avec le le revers, *Regale Sacerdotium.*

CURIOSITÉS DE LA NATURE
ET DE L'ART.

129. Un morceau de la plus riche mine d'argent. 96.

130. Un fecond bloc de mine d'argent, plus gros que le précédent, mais moins riche. . . . . 144.

131. Dix morceaux de pyrites & minéraux, ou morceau de bois pétrifié ; un autre d'une efpece de 119 . . 19. jayet, charbon foffile ou afphalte de la mer morte.

132. Une rofe de Jericho, & un vafe de coco 119 . . 19. garni en argent.

133. Un behoard garni en argent, un ægagropile, & un œuf d'Autruche travaillé. 119 . . 19.

134. Un très-gros gloffopetre garni en argent, & 5 autres petits morceaux d'Hiftoire naturelle, avec 24. un double vafe de ferpentine.

135. Un oifeau de Paradis, un fquelette de Came- 12. leon, une machoire de poiffon, &c.

136. Deux différentes repréfentations de Crucifix, 102. avec de petits caracteres qui ne fe voient qu'à la loupe, fur vélin.

137. Deux bas reliefs de marbre ; l'un repréfente Charles-Quint à mi-corps, donnant la main à une 72.

+ 224.ᵗᵗ .. Dame, l'autre deux enfans qui jouent avec un Lyon.

retiré. 138. Quatre Médaillons de marbre, dont Louis XIV, le Grand Condé , &c.

8 .. 19 .. 139. Quelques portraits, dont un du Chancelier *Seguier*, en cire, & un groupe d'animaux en marbre ou albâtre, caffé.

18 ..... 140. Trois piéces d'ouvrages de tour, dont deux en yvoire, & la repréfentation en bois & nacre du Saint Sepulchre. (mutilée).

36 ..... 141. Deux fervices d'acier poli & bien travaillé, dans un étui, contenant la paire de cuilliers, fourchettes & couteaux.

60 ..... 142. Deux grands Médaillers de bois de cedre, garnis de leurs tiroirs & tablettes, en maroquin, bafane & carton. *l'un des Medaillier a eté Separé en deux*

62 ....

500 ....

24 ..... 143. Plus, deux petits Médaillers avec leurs tablettes, en bois noirci.

trois cornes de Rinoceros 3.ᵗᵗ

Un jembono de Sauvages, une machine de force et Mouvente et autre ornements a l'usage des indiens . . . . . 36.

Un portefeuil contenant des plantes decheché . . . . . 1 .. 12.

quatre different portrait d'hommes illustres de format in fol. monté en bordures doré et garni de ver blanc . . . . 8 .. 3.

Un paquet de cartons dit — Lanette propre a placer les Medailles . . . . 20 .. 1.

idem . . . . 10.

78. 16.

1816 .. 18. }
78 .. 16. } 5.ᵉ Vacation

1895. 14.

1.ʳ Vacation . . . . 2726.ᵗᵗ 16.

2.ᵉ Vacation . . . . 4193 .. 12.

3.ᵉ Vacation . . . . 1958 .. 9.

4.ᵉ Vacation . . . . 5215 .. 19.

5.ᵉ Vacation . . . . 1895 .. 14.

Total . . . . 15990. 10.

F I N.

www.ingramcontent.com/pod-product-compliance
Lightning Source LLC
LaVergne TN
LVHW012117170726
843501LV00008BC/2905